## Maya Angelou

4 Nisan 1928'de Amerika Birleşik Devletleri'nin Missouri eyaletinde, St. Louis şehrinde doğdu. Anne babasının ona verdiği isim Marguerite Annie Johnson'dır. Kendisine "Maya" adını veren erkek kardeşiyle birlikte büyük annesinin yanında, ırkçılığın yoğun biçimde yaşandığı Arkansas'ta yetişti. Birleşik Devletler'in ilk siyah kadın vatmanıdır. Çok genç yaşlarda doğurduğu oğluyla yaşamını sürdürebilmek ve geçinebilmek için gece kulüplerinde dansçılık, şarkıcılık, bulaşıkçılık yaptı. Senaryolar, oyunlar, ilgiyle karşılanan yemek kitapları yazdı; yönetmenlik yaptı, albüm çıkardı. Her biri hayatının farklı dönemlerine odaklanan yedi otobiyografi kitabı yayımladı. Ömrü ırk ayrımcılığıyla mücadele ve kadın haklarının tanınması için yaptığı çalışmalarla geçti. Bu süreçte yayımladığı şiir kitaplarıyla bir yandan halkının yaşadığı tarihsel ve güncel acılara ses veren, diğer yandan kendi tutkulu siyah kadın bireyselliğinin arzu, açmaz ve çelişkilerini yansıtan duru, yalın, ezgili, tok sesli modern bir şiirin temsilcisi oldu. Edebi yapıtı ve yaşamıyla Amerikan halkının sevgisini kazanan Angelou 28 Mayıs 2014'te yaşama veda etti.

Otobiyografileri: *I Know Why the Caged Bird Sings* (1969), *Gather Together in My Name* (1974), *Singin' and Swingin' and Gettin' Merry Like Christmas* (1976), *The Heart of a Woman* (1981), *All God's Children Need Traveling Shoes* (1986), *A Song Flung Up to Heaven* (2002), *Mom & Me & Mom* (2013)

Önemli Oyunları: *And Still I Rise* (1976. Yazar, yönetmen), *Moon on a Rainbow Shawl* (1978. Yönetmen)

Önemli Senaryoları: *Georgia, Georgia* (1972), *I Know Why the Caged Bird Sings* (1979), *Sister, Sister* (1982)

Önemli Çocuk Kitapları: *Life Doesn't Frighten Me* (1998), *Maya's World* (2004. Dizi)

**Faris Kuseyri**

1978 Antakya doğumlu. Orta öğrenimini İskenderun Makzume Anadolu Lisesi'nde tamamladı. İstanbul Üniversitesi'ndeki siyasal bilgiler öğreniminden uzaklaştırıldıktan sonra Avrupa'ya gitti. Yurda dönüşünde Eskişehir'de Türk Dili ve Edebiyatı öğrenimi aldı. Öğrencilik yıllarında ve sonrasında edebiyat dergilerinde çeşitli görevler üstlendi, yayınevlerinde editörlük ve redaktörlük yaptı. Döneminin önde gelen dergilerinde şiirleri, yazıları, dosya çalışmaları yayımlandı. Tamamı mensur şiirlerden oluşan *Orontes Mensurları* adlı ilk kitabı 2014'te yayımlandı. Modern ve klasik Arap şiiri ile siyah şairlerin eserleri başta olmak üzere Amerikan şiiri üzerine çalışmaktadır. Maya Angelou'dan aktardığı *Kafesteki Kuşun Şarkısı,* şairin kitap bütünlüğündeki ilk çevirisi.

Maya Angelou

# Kafesteki Kuşun Şarkısı

*Seçilmiş Şiirler*

AYRINTI

Ayrıntı: 926
*Şiir Dizisi*: 5

Kafesteki Kuşun Şarkısı
*Seçilmiş Şiirler*
*Maya Angelou*

Kitabın Orjinal Adı
*The Complete Poetry*

İngilizce'den Çeviren
*Faris Kuseyri*



Kapak Tasarımı
*Petek Yılmaz*

Kapak Düzeni
*Gökçe Alper*

Dizgi
*Kâni Kumanovalı*

Baskı
*Yazın Basın Yayın Mat. Tur. Tic. Ltd. Şti.*
*Çevre Sanayi Sitesi 8. Blok No: 38-40-42-44*
*Başakşehir - İstanbul*
*Sertifika No: 12028*

Birinci Basım: *İstanbul, Eylül 2015*
Baskı Adedi *2000*

ISBN 978-605-314-031-3
Sertifika No.: 10704

AYRINTI YAYINLARI
Basım Dağıtım San. ve Tic. A.Ş.
Hobyar Mah. Cemal Nadir Sok. No.:3 Cağaloğlu – İstanbul
Tel.: (0212) 512 15 00 Faks: (0212) 512 15 11
www.ayrintiyayinlari.com.tr & info@ayrintiyayinlari.com.tr

twitter.com/AYRINTIYAYINEVI facebook.com/ayrinti.yayinlari instagram.com/ayrintiyayinlari

Maya Angelou

# Kafesteki Kuşun Şarkısı

*Seçilmiş Şiirler*

İngilizce'den Çeviren: Faris Kuseyri

# Sunuş

Birleşik Amerikalı şair, aktivist ve siyah özgürlük hareketinin önde gelen isimlerinden Maya Angelou, Marguerite Annie Johnson adıyla 1928 yılında Missouri St. Louis'de doğar.

ABD'nin diğer güney eyaletleri gibi Missouri de 19. yüzyılın sonlarına kadar köleliğin yasal olduğu bir bölgedir. Amerikan tarihine kısa bir bakış, güney eyaletlerinin köleliğin yasal statüsünün korunması için, İç Savaş dâhil neleri göze aldığını okura rahatlıkla hatırlatacaktır.

Anne babasının o henüz çok küçükken boşanması Maya'nın yolunu bir başka güney eyaletine, Arkansas'a düşürür. Maya, ömür boyu kullanacağı bu ismi daha çok küçük yaşlarda ona veren kardeşi Bailey ile beraber yoksul Stamps kasabasına, büyük annesinin yanına yerleşir (Angelou soyadını ise Yunan eşi Tosh Angelos'un soyadından uyarlamıştır). Maya Angelou hem hayatında hem şiirinde belirleyici rol oynayacak dinî görgüsünü, köleliğin açtığı yaraların hâlâ taze olduğu, ırk ayrımcılığının ise tüm kurumsallığıyla devam ettiği bu topraklarda edinir. Güneydeki başkaca küçük siyah topluluklarda olduğu gibi Stamps'teki siyahlar da ne yasalar ne de toplumsal ahlak tarafından korunmaktadır. Onlar ancak "Tanrı"ya emanettir. Maya Angelou şiirindeki kuvvetli dinsel tını, kişisel hayatındaki şiddetli iniş çıkışlar kadar çocukluğunu geçirdiği bu bölgeyle de ilgilidir. Beyazların dünyasında siyah olmak, köklerinden koparılmış siyahlığa duyulan merak, Afrika köklerinin kendini duyurabildiği yegâne saha olan müzikle içli dışlı oluş, tütün, pamuk işçilerinin doğaçlama söylediği iş türküleri, hürriyetten ayrı düşmüşlerin yaktığı ağıtlar, acımasız yaşam koşullarının doğurduğu öfke, neredeyse adi vaka hâline gelmiş cinsel şiddet... Tüm bunlar daha erken yaşlardan başlayarak tok sesli bir şairi var etmek üzeredir.

Çocukluk yıllarında tanıştığı siyah kilise müziğinin kulağında yer etmesi, blues'un hayatına doğal yollardan girmesi şiirinde belirleyici bir rol oynar. Gençlik yıllarında sahnede kalipso söyler, "Miss Calypso" adıyla bir albüm de çıkarır. New York'a yerleştikten sonra siyah entelijansiya ile tanışır. Kültürel ve siyasal donanımını bu tarihten sonra daha belirgin payandalar üzerine oturtmaya başlar. Irkçı Güney Afrika rejimi tarafından sürgüne gönderilmiş ve "Birleşik Afrika" siyasetinin öncü isimlerinden olan Vusumzi Make ile evlendikten sonra Afrika'ya (önce Mısır'a, Make'yle ayrıldıktan sonraysa Gana'ya) yerleşecek kadar cesur yönelimlerle köklerini arar. Angelou şiirinde Afrika teması, hayalî bir "cennete dönüş" söyleni düzeyinde değil, kendini ve halkını tanımaya yönelik bir içsel yolculuk çerçevesinde değerlendirilebilir.

Gün altındaki insanın emeklemeye başladığı Afrika, Maya'nın şiirinde ruhani bir hat olmanın ötesine geçerek özlenen bir özne olarak bedensel bütünlüğünü ve söyleyiş olanaklarını da şiire taşır. Bu süreçler dâhilinde Maya Angelou adı, sonraları her ikisi de suikasta kurban gidecek olan Malcolm X ve Martin Luther King'le birlikte anılmaya başlanır. 1960'lı yıllarda Küba devrimine destek verdiği dönemde hâkim medyanın "Nasıl olur da bu affedilmez komünistleri desteklersiniz?" yönlü eleştirilerine verdiği sert ve alaycı cevap çarpıcıdır: "Hiçbir komünist benim büyük babamı köle yapmadı, anneme tecavüz etmedi, babamı linç etmedi."

Bütün ayrıksılığına rağmen Amerikan toplumunda kabul gören Angelou, liberal Amerikalıların alkışlarıyla başkan seçilen Bill Clinton'ın 1993'teki yemin töreninde *On the Pulse of Morning* [Sabahın Nabzında] adlı şiirini okur. 1995'te Birleşmiş Milletler'in 50. yılı etkinlikleri çerçevesinde, BM sekretaryasının kendisinden istediği ve şairin Genel Kurul Salonu'nda okuduğu *A Brave and Startling Truth* [Büyük ve Korkunç Bir Gerçek] adlı şiir de büyük yankı bulacak, onun ikinci "kamusal şiiri" olarak ün kazanacaktır.

1969'da büyük bir üne kavuşmasını sağlayan yedi ciltlik otobiyografi dizisinin ilk kitabı olan *I Know Why the Caged Bird Sings* [Kafesteki Kuş Neden Şarkı Söyler Bilirim] yayımlanır. Bu kitapta ele aldığı çocukluk ve ilk gençlik yılları her ne kadar güneyli siyah kadınlar için "sıradan" bir hayatı işaret ediyor gibi dursa da Birleşik Amerikalı okurları derinden etkiler. Çocuk yaşta yaşadığı cinsel saldırı, daha sonra lise yıllarında ilk ve tek çocuğunu doğurması, bu kitapta bütün çıplaklığıyla ele alınmıştır. Irkçılığın iğrenç yüzü, çok erken yaşlarda yaşadığı ağır cinsel saldırının yarattığı korkunç travma, bu travmanın etkisiyle yıllar süren "konuşmama tepkisi", siyah Amerikalı kimliğinin oluşumuna dair ilk elden gözlemler ve eleştiriler, siyah kadının karşılaştığı her türden ayrımcılık, günlük hayatta olağanlaşan şiddet ve ayrımcılığa gösterilen insani tepki, yazma eylemine tutkuyla bağlanışı gibi temel noktalar sadece bu otobiyografi dizisinin değil, Maya Angelou şiirinin de vazgeçilmez izleklerini oluşturur. Bu çerçeveden bakıldığında şairin hayatıyla şiiri arasındaki bağ, onun okur tarafından kolaylıkla benimsenmesinin ve bir anlamda modern Amerikan şiirinin en çok okunan, anılan, hakkında en çok yazılan şairlerinden biri olmasının nedenini de açıklamaktadır.

Çok az şaire nasip olan bir kabul görmüşlükle Maya Angelou şiirleri eleştirel yorumlardan genellikle uzak kalmıştır. Belli ki okur karşısına ilk çıkışının otobiyografik anlatı yoluyla gerçekleşmesinin de etkisiyle şair "samimiyet"i temel bir yazma düsturu olarak benimser. Şehirli orta sınıf bir siyah ailenin oturma odasında, güneyli siyah bir ailenin haşlanmış mısır ve tavuk kızartması kokan küçücük mutfağında, yoksul dok işçilerinin mola anlarında onlarla konuşuyor gibidir. Şiirinin sözlü şiirle akrabalığı, temel izlekleriyle kesin bir uyum içindeki üslubu, okurla kurduğu ilişkinin hattını belirler; bu atmosferlerle kurduğu bağı sahicileştirir, kuvvetlendirir. Hem köklerini Afrika'da bulabileceğimiz blues hem de, onun kadar olmasa da, güneyli beyaz Amerikalıların müziği olan "country" ile ritimsel ahenk ve sözel benzerlik taşıyan şiiri onu pek çok Amerikalı okurun gözünde çok özel bir şair yapar. Bu anlamda Maya Angelou'da "ulusal kimliğin" temsil edildiği görülür. Bu kimlik, Amerikalı siyah halkın acı dolu tarihiyle yüzleşilmesine ve siyah gerçekliğinin tanınmasına hem edebî hem de toplumsal hayattaki rolüyle katkı yapar. Burada dikkat çeken nokta şudur: Her ne kadar otobiyografileri çok önemsense de pek çok eleştirmen ama daha da önemlisi okurlar Maya'yı önce şair sonra anlatı ustası saymaktadır. Maya Angelou şiirleri siyah toplum için taşıdıkları öneme atfen "siyah Amerikalıların millî marşları" olarak dahi anılmıştır.

Maya'nın ilk şiir kitabı *Just Give Me a Cool Drink of Water 'Fore I Diiie* [Ölüp Gitmeden Bana Bir Yudum Soğuk Su Verin] 1971'de yayımlandığında bu kitabı büyük övgülerle karşılayanlar olduğu kadar, az sayıda da olsa, yeterince "şiirsel" bulmayan eleştirmenler de olmuştur. Maya Angelou şiirine yaklaşım farkını belirleyen temel gerekçenin onun "yalınlığı" olduğu görülecektir.

Hem insanın hem de kadının yalnızlığıyla ilgili dokunaklı baladlar da Maya'nın aşka inanmış şair kimliğini perçinler. *Oh Pray My Wings Are Gonna Fit Me Well* [Lütfen Söyle Yakışıyor mu Kanatlarım Bana] kitabı özellikle aşk, bireysel acılarla iç içe geçen tarihî ve toplumsal acılar temaları etrafında şekillenir. Bir sonraki kitap *Still I Rise*'da [Ayağa Kalkıyorum] görülebileceği gibi kendisiyle barışık, bir insan bir kadın bir siyah olmaktan mutlu olma hâli kendini hemen belli eder. Mücadeleye övgü belirginleşir. *Shaker, Why Don't You Sing* [Niçin Şarkı Söylemiyorsun Shaker] özellikle aşk, tutku, yalnızlık temaları etrafında şekillenen bir kitaptır. Maya'nın hiçbir zaman terk etmediği bu genel içerik çerçevesi, her zaman toplumsal var oluş ve bireysel yıkım-dirim geçişkenliğinden izler taşır. *I Shall Not Be Moved* [Kıpırdamayacağım] ile devam eden şiir yolculuğunda Maya, başkaca kültürleri, renkleri de kucaklayan ve çalışan küçük insanın hedefleri, hayatları ve şahsi trajedilerine uzanan bir çizgi tutturur.

Sierra Leone ve başka Batı Afrika ülkelerine yayılmış olan Mende halkının soyundan gelen Maya, Afrikalı özgür insan, Batı'ya zorla getirilen siyah köle, kölelik ve ırk ayrımcılığıyla mücadele eden evrensel siyasal insan hattında kendini var etmiş bir aktivist ve tüm ayrımcılık kavşaklarında daima en çok ezilen kadın(ın sözcüsü) olarak şiirine ve hayatına "sorumluluk" çerçevesinde yaklaşırken bireysel yönelimlerini hiçbir zaman gizlemez. Kendini dindar bir insan olarak tanımlarken "köle"sine kendi adını ve dinini dayatan sömürgeci bakışa duyduğu öfkeyi de kuvvetle açık eder. Tarih sahnesinde sivrilmiş özgür kadın ruhlarını yüceltir ve genellikle benimsediği alçakgönüllü tutumunu bu noktada terk ederek Havva, Lilith, Belkıs, Zenobia ile devam eden özgür ve güçlü kadın silsilesinin modern örnekleri arasında kendini anmaktan geri durmaz.

Genellikle kısa formlu, uyaklı ve ritimsel olan şiirinin söylem imkânlarını Afrika kökenli -ve köleleştirilmiş- Amerikalıların iş ve hapishane türkülerinde arayarak geliştirir. Acı bir inleyişin tezahürü olan bu şiirsel form, ağıtlara, yasaklanmış aşklara, unutulan dillere ve güzel günlerin özlemini ifade etmeye son derece uygundur. Fakat acı yüklü bu tarih, şairin yine bir mücadeleci dil ve anlatım olanağı olarak değerlendirdiği "hiciv"den uzaklaşmasına yol açmaz. Burada dikkat çekici olan, Maya'nın kara mizahının kurbanlarının genellikle siyah Amerikalılar olmasıdır. O, siyahlara reva görülen tüm bu tarihsel dönemeçleri lanetlerken kendi insanlarını da acımasızca alaya alır. Başkaca temel özelliklerinin yanında "humor"un Maya Angelou şiirinde işgal ettiği yer ile ilgili pek çok makale, deneme ve tez kaleme alınmıştır.

Angelou şiirinde diyaloglardan beslenen dramatik örgü, şairin şiirsel özne olarak benimsenmesini sağladığı gibi okuru şiirin kurgusuna dâhil eder. Bu davet ve kabul çerçevesi onun yalınlığını hem tesis eder hem de bu yalınlık üzerinden okurun zihninde serpilecek anlam yoğunluğuna imkân sağlar. Maya Angelou şiirinin paradoksal görünen bu veçhesi yer yer ihmal edilebilmektedir.

Maya Angelou güney eyaletlerinde yetişmiş, liberal Amerikalıların kültürel ortamlarında mesai sarf etmiş, gece kulüplerinde dansçı ve şarkıcı olarak çalışmış, politik siyah öncüler ve siyah halkla ömrünü geçirmiştir. Tüm bu duraklar, doğal olarak onun şiirinde mecaz kullanımı, kelime ve ritim tercihleri, alt kültürlerden gündelik dile sıçrayan dilsel ve ahenk unsurları yoluyla zengin geri dönüşler sağlar. Siyah Amerikalıların İngilizcesi ve özellikle argosundan sıkça faydalandığı gibi, uyuşturucu argosu, kadın cinselliğine yönelik yarı kapalı göndermeler de Maya Angelou kimliğine damga vurur. Canlı, renkli ve acıların rağmına neşeli bir şiir(i) söyler. Farklılıkta yakalanan zenginliği büyütür.

***

Maya Angelou şiirinin Türkçe'deki okurlarıyla paylaşmak istediğim birkaç noktaya da kısaca değinmek istiyorum.

Çeviri şiir kitapları için yazılan Önsöz'ler belki de haklı olarak çevirinin hangi zorluklar içinde yapıldığı, tamamlandığı üzerinde durur. Bu çok olağan bir durumdur. Zira gerçekten de bir dilin evreninden bir başka dilin evrenine taşınan söz eksilir, yeni toprağında gürleşmesi pek zor, kırılgan bir fidana döner. Çevirmen hangi yolları seçtiğini, tercihlerini yönlendiren temel dinamikleri anlatır böyle yazılarda. Genellikle okurdan istediği tek bir şey vardır çevirmenin: Ona güvenmesi. Şairin evreninden çıkan söz, çevirmenin evreninde soluklanmaya başlar. Okur çevirmene güvenir veya güvenmez. O fidanın yaşayıp yaşamayacağına, sözün bu yeni evrende soluklanıp soluklanmayacağına sonunda okur karar verecektir.

Maya Angelou şiirlerinin Türkçe'ye aktarılmasına bir yıldan fazla bir süre çalıştıktan sonra ben de böyle bir önsöz yazmam gerektiğini düşündüm. Özellikle kafiyeli şiirlerle ilgili tercihlerim noktasında, Amerika Birleşik Devletleri'nin güney eyaletlerinde ifadesini bulan blues şiirinin çevirmen için belirli zorlukları beraberinde getirdiğini söylemek yerinde olacaktır. Kadın dünyasından seslenmeyi tercih eden; o dünyanın saklı kalmış, genellikle erkekler tarafından yok sayılmış yanlarını söze dökmeyi seven bir kadın şairin bir erkek tarafından çevrilmesinin doğurabileceği sıkıntıların da farkında olduğumu söylemeliyim. Maya'yı çevirirken ona duyduğum sevgi ve bağlılığın bu sıkıntıları unutturmasını ummaktan başka bir şey gelmiyor elimden. Son olarak Maya Angelou şiirinde kafiyenin sadece ahenk tercihi olmadığını, kültürel birikimlerin ve tarihsel şiir artalanının doğal bir uzantısı olarak onun şiirinde taht kurduğunu gördüğümü belirtmek istiyorum. Şu kadarını söylemekle yetinmeyi tercih edeceğim: İmkânların elverdiği her durumda şairin bu seçimine sadık kalmaya çalıştım. Mısra tercihlerine uzunluk-kısalık çerçevesinde mümkün olduğunca uydum, sınırlı ve bilinçli tercihlerim dışında majüskül-minüskül seçimlerine, noktalamaya da riayet ettim.

Maya Angelou şiirinin okurumuz için daha anlaşılır hâle gelebileceği umuduyla özellikle siyah mücadele tarihinde öne çıkmış ve Maya'nın andığı bazı önemli isimleri kısaca tanıtmayı uygun gördüm. Bu isimlere kitabın sonundaki Notlar bölümünde yer verdim.

Maya'yı Türkçe'ye çevirmek büyük bir zevkti. Şunu ekleyebilirim: Onu çevirmeye başlayıncaya kadar Maya'yı tanıdığımı zannediyormuşum. Her yeni şiirde yeniden kavradım ki büyük ve güzel insanlar sizi şaşırtacak bir şeyleri mutlaka bulurlar. Maya'yı yakından tanıdığım için kendimi şanslı sayıyorum.

Bu kısa sunuş yazısı vasıtasıyla teşekkür etmek istediğim kıymetli insanlar var.

Emirhan Oğuz'a bu kitabın çok ötesinde bir yerde büyüyen, inanç ve sadakat dolu dostluğumuz için teşekkür ediyorum. Her zaman yanımda olduğunu bildiğim için Maya şarkısını daha güzel söyledi.

Şiirin başka sularına yaptığı yolculuklarda bir okuru olarak eşlik ettiğim Cevat Çapan üstadım, ben Maya'ya Türkçe bir ses vermeye çalışırken desteğini esirgemedi. Şaire içten teşekkürlerimi sunuyorum.

Maya'nın uzak ülkesindeki şiir dostu Cemal Doydum ve Bahadır "Adamım" Ahıska da bu kitabın gizli kahramanlarıdır. Şiiri sevmeye doyamadıkları, Maya'nın güzel dünyasının görünmesi gerektiğine inandıkları için karanlık anlarda yanımda oldular. Onlara da teşekkür ediyorum.

En büyük teşekkürü ise Ebru'ya borçluyum. Şiirlerin, gazellerin, kitapların ötesinde…

Faris Kuseyri
*Eylül 2015, İstanbul*

# Kafesteki Kuşun Şarkısı
*Seçilmiş Şiirler*

# Ölüp Gitmeden
# Bana Bir Yudum Soğuk Su Verin
(*Just Give Me a Cool Drink of Water 'fore I Diiie*)
(1971)

## DÖNDÜLER EVLERİNE

Evlerine döndüler ve karılarına,
    bir defa bile hayatlarında,
    tanımadıklarını söylediler benim gibisini,
Ama... Döndüler evlerine.

Evin ne kadar da temiz dediler bana,
    hiçbir sözüm kimseyi incitmezmiş hatta,
    havam da gizemliydi belli ki,
Ama... Döndüler evlerine.

Bütün erkekler beni övüp dururlardı,
    ne de güzel gülüşüm, aklım, kalçalarım vardı,
    yine de bir gece geçirdiler benimle, belki üç, belki iki
Ama...

## BAŞTAN SONA

Yumuşa ey zaman, kadife gibi yumuşa,
    Biricik sevgilim yolda.
Parılda tüm gücünle, ey solgun güneş,
    Altın arabalarını hazırla.

    Yumuşa ey rüzgâr,  ipek gibi yumuşa,
Konuşuyor biricik sevgilim.
    Susun kuşlar, ey gümüş gırtlaklar,
Onun altın sesini dinleyeceğim.

Gel ey ölüm, çabucak gel,
    Kara kefenim dalgalanıyor.
Sus ey kalbim, ölüm gibi sus,
    Biricik sevgilim uzaklaşıyor.

## GELDİĞİNDE BANA SEN

Geldiğinde bana sen, davetsiz, ansızın
Çağırıyorsun beni
Hatıraların beklediği
Evvel zaman odalarına.

Bir çocuğu avutur gibi,
Tavan araları bana sunduğun,
Günlerin bir avuç tortusu,
Öteberisi kaçamak öpüşlerin,
Ödünç aşkların pılı pırtısı,
Ve sandıkları gizli sözlerin,

AĞLIYORUM.

## ANIMSAMA

Kül rengi hayaletler kollarımdan tırmanıyor
gözlerini dikiyorlar gözlerime
ben tehditlerini görmezden gelirken
ve yalanlarla cevap verirken onlara.

Bir ilahiye dönüşüyor dudaklarımda
o pelteleşmiş hatıralar
ben taştan umutsuzluğun pençesindeyim
ve ruhumu dilim dilim ediyor onlar.

## O GÜNLERDE

O günlerinde gizli dil dökmelerin
Bugün, yarınların yıkımını hazırlardı
Kimse bilmezdi ne yaptığını ötekinin
Kalbim bin bir parçaya ayrılırdı.

Kaçamak iç çekişlerin o günlerinde
Elvedalar hazin, merhabalar tatlıydı
Yalanlar ve yarım doğrular içinde
Vicdanımda yıldırımlar yankılanırdı.

Mahşeri hatırlatan o günlerde
Neşe ömürsüzdü, yaz aşkları gibi
Mutluluğun yarışı sona erdiğinde
Acı talan etmek için kol gezerdi.

## GÖZYAŞI

Gözyaşı
Billur süprüntü
Tükenmiş bir ruhun
yapışkan paçavrası.

İnleme
Son gösteri
Ölen düşlerin
hüzünlü elvedası.

## KOPUK

Ölüyoruz,
Karşılarken kararan gizli odalarımızda Mavi Sakalları,
Uzanan boyunlarımızı sıkanları,
    Boğazımızı sıkanlar ki ne umursarlar
    ne de merak ederler
    ÖLÜM İÇİMİZDEDİR.

Dua ediyoruz,
Tadını çıkarırken fısıldadığımız yalanların,
Yabancı tanrıların önünde secde ederken,
    Tanrılar ki ne bilirler
    ne de bilmek isterler
    CEHENNEM İÇİMİZDEDİR.

Seviyoruz,
Eldivenli ellerimizle çıplaklığı okşarken,
Ateşli öpüşlerde kaçırırken dudaklarımızı,
    Öpüşler ki ne dokunurlar
    ne de dokunmak umurlarındadır
    AŞK İÇİMİZDEYSE EĞER.

## SİYAHLIK ANADIR ONA

Koşarak geldi eve
    ona analık eden siyahlığa
    o boğucu koyu siyahlığa
ak gözyaşları akıyordu yüzünün altın düzlüklerinde
    Koşarak geldi eve

Geldi ve usulca sokuldu ona
    buraya, siyah kollara onu bekleyen
    şimdi, sıcacık yüreğe onu bekleyen
üşüyordu kahverengi güzel yüzü, yabancı rüyaların
    [kırağısında
    Geldi ve usulca sokuldu ona

Eve geldi, masumdu hâlâ
    Hâcer'in kızı kadar siyahtı
    Belkıs'ın kızı gibi boylu poslu
dindi kuzey rüzgârlarının tehdidi sahranın yüzünde
    Eve geldi, masumdu hâlâ

## DÜŞÜNDÜĞÜMDE KENDİ HÂLİMİ

Düşündüğümde kendi hâlimi
Ölesiye gülüyorum kendime,
Hayatım koskoca bir şaka sanki,
Yürüyerek edilmiş bir dans,
Konuşarak söylenmiş bir şarkı,
O kadar gülüyorum ki nefesim kesilecek,
Düşündüğümde kendi hâlimi.

Altmış yıldır tanırım bu insanları,
Emrinde çalıştığım çocuk, "Kızım" diye sesleniyor bana,
"Buy'run efendim" diyorum işimi kaybetme korkusuyla,
Gururluyum eğilemem,
Yoksulum karşı çıkamam,
Gülüyorum karnım ağrıyıncaya kadar,
Düşündüğümde kendi hâlimi.

Düşününce insanlarımı çatlıyorum gülmekten,
Neredeyse gebereceğim kahkahadan,
Anlattıkları hikâyeler hep yalan dolan,
Yetiştirmişler meyveyi,
Anca kabuğunu yemişler,
Gözlerim yaşarıncaya kadar gülüyorum,
İnsanlarımı düşündüğüm zaman.

## GELECEK HAFTA AYDINLIK BİR GÜNDE

Gelecek hafta aydınlık bir günde
Bombanın düşmesinden hemen önce
Hemen önce dünyanın yok olmasından
    Ölümümden hemen önce

Gözyaşlarım toza dönüşecek
Tozlaşmış kül gibi kara
Kara, Buda'nın göbeği gibi
    Kara, sıcak, kurumuş

Sonra merhamet dökülecek
Tanrının inayetiyle yağacak
Yağacak çocukların üzerine
    Yağacak göklerden

## FAZLASINI DA YAŞADIK GÖRÜNDÜĞÜMÜZDEN

Geçerken kana bulanmış feryat günlerinden
Fazlasını da yaşadık göründüğümüzden

Süzülüp salındığı sularda zambakların
Şişen ölü bedenleri yüzüyor çocukların

Yakalanmış erkekler, boğazlanmışlar
Sanki şakaklarından asılmışlar

Günahımız kül rengi küf gibi çoğalırken
Biliyorduk ama sakladık kendimizden

Gönülsüzdük, sağır olduk
Katliama çanak tuttuk

Şimdi ruhlarımız kırılmış, yerlerde
Bir harf bile kazınmamış kitabelerde.

## BENİM SUÇUM

Benim suçumdur uzun "kölelik zincirleri"
çok yıllar var ki demir şakırtıları duyulur.
Kardeşimi sattılar, götürdüler bacımı,
kulağımızda acı hikâyeler yankılanır durur.
Gözyaşlarından türkü yakmak benim suçumdur.

Benim hatamdır "geçip giden kahramanlar"
Vesey ve Turner ve Gabriel, hepsi öldüler,
öldü Malcolm ve Marcus ve Martin King.
Ölesiye dövüştüler, tüm kalpleriyle sevdiler.
Anlatmak için yaşıyor olmak benim hatamdır.

Benim günahımdır "bir ağaçta asılmak"
Ağlamadım, budur gururumun sebebi.
Ölümümü adam gibi karşıladım, evet.
İşte böyle etkiledim ölürken beni izleyenleri.
Ağlayıp, yalvarmamak benim günahımdır.

## ERGENLER (SİYAH)

Anan bağırarak konuşur,
Peder gider savaşa,
Bacın sokaklara düşmüş,
Biraderin barlara,
Ergenler. Kendi havalarında.

Kuzenin beyaz zehir çeker,
Amcan girmiş içeri,
Dostun tam çirkefe batmış,
Oyuncak zanneder mermiyi,
Ergenler. Kendi havalarında.

Ve sen, beni nasıl da üzüyorsun,
Burada, işte bütün yalnızlığınla,
Kalayı basmak isterdim sana,
Bir şey de kalmadı söyleyecek gerçi,
Ne diyeyim daha
Ergenler. Kendi havalarında.

## ERGENLER (BEYAZ)

Anan şoförü öptü,
Peder düzdü aşçıyı,
Bacın bak neler yaptı,
hayatının baharında,
Ergenler. Kendi havalarında.

Kızın erkek donu giyer,
Oğlun takar sutyeni,
Biraderin arka koltukta
zehirler kuzenini.
Ergenler. Kendi havalarında.

Paran adam etmez seni,
Eğer öğrenseydim küfretmeyi,
İsmini söylerdim sana,
yok fakat daha beteri
Ergenler. Kendi havalarında.

# Lütfen Söyle
# Yakışıyor mu Kanatlarım Bana
*(Oh Pray My Wings Are Gonna Fit Me Well)*
(1975)

## BİR ARAYA GETİRMEK BÜTÜN PARÇALARINI SENİN

Bir eğlenceye gittim
    Hollywood'da,
Çok berbat bir yerdi
    ama içkileri harika
        ve işte kahkahanı orada duydum.

Sonra mavi yolculuğa çıktım
    eski bir Yunan gemisiyle,
Tayfa çok eğlenceliydi
    ama davetliler pespaye
        işte ellerini orada buldum.

Sahra'ya giderken
    bir kervanda,
Güneş ok gibi deliyordu teni
    ama geceler harika
        ve işte göğsünü böyle buldum.

Kongo'da bir akşam
    Kongo Nehri'nin bittiği yerde,
Bir başıma kalmıştım neylersin
    birkaç arkadaş edindim ben de
        işte orada yüzünü gördüm.

Tüm zamanımı
    adamıştım bulmaya
bütün o dalgalanan parçalarını senin
    birbirinden kopuk değillerdi o zamana değin.

Bir araya getirmez misin onları

BİR DEFALIĞINA BİLE OLSA

Benim

    İçin

## GEÇEN ZAMAN

Senin tenin şafağa benzer
Benimki akşam karanlığına.

Biri başlangıcını anlatır
mutlak bir bitişin.

Öteki, sona erişini
kesin bir başlangıcın.

## KÜLRENGİGÜN

Gün kasvetli
bulanık ve kül rengi
sen gittiğin zaman.

Dikenli taçları
kıl kumaştan
giysileri kuşanırım.

Kimse bilmez
ne hâlde garip kalbim
ayrı düştüğümüz zaman.

## ZAVALLI KIZ

Bir başka sevdiğin var
    ve ben biliyorum bunu
Seni delicesine seven biri
    tıpkı benim gibi
Mücevher sanki sözlerin
    pürdikkat dinliyor her söylediğini
Anladığını düşünüyor
    seni
Zavallı Kız
    Tıpkı benim gibi.

Başka bir kalbi daha kırıyorsun
    ve ben biliyorum bunu
Ve yapabileceğim
    hiçbir şey yok
Eğer anlatsam
    ona bildiklerimi
Yanlış anlayacak
    ve defedecek beni
Zavallı Kız
    Tıpkı benim gibi.

Onu da terk edeceksin
    ve ben biliyorum bunu
O da hiç bilmeyecek
    onu neden terk ettiğini
Ağlayacak ve bilmek isteyecek
    neyin yanlış gittiğini
Bu şarkıyı söyleyecek
    o da sonunda
Zavallı Kız
    Tıpkı benim gibi.

## GEL. VE SEVGİLİM OL

Yollar devasa arabalarla dolu
Bilinmez bir yere gidiyorlar son sürat
İnsanlar tutuşan her şeyi tüttürüyor
Kimi, hayatını sarıyor bir kadehin etrafına
Ve sen hangi yöne döneceğini bilmeden
oturup bekliyorsun.
Ben biliyorum.
Gel. Ve sevgilim ol.

Kıyametin yarın kopacağını söylüyor bazı kâhinler
Ötekilere göre bir iki haftamız daha var
Gazeteler türlü felaket haberiyle dolu
Ve sen hangi yöne döneceğini bilmeden
oturup bekliyorsun.
Ben biliyorum.
Gel. Ve sevgilim ol.

## GÜVENSİZLİK DUYGUSU

Hakikati çıkarıp alamadım yalanın içinden
ya da anlayamadım düşlerim gerçek mi,
Yalnız biri yanıltmadı beni tahminlerimden
bu koca dünyada, o da seninle ilgili.
Yüzünün çizgilerine tek tek dokunmuştum,
tanımıştım aşkı, hazırdım bedeline.
Büyüleyen sözlerle darmadağın olmuştum
aklım benim, çoktan yitmişti bile.

## BİR BAŞINA

Uzanmış düşünürken
Dün gece
Suyun susamadığı
Ve ekmeğin taşa kesmediği
Bir yuvayı nasıl bulurum diye kendime
Tek bir şey geldi aklıma
Ve yanıldığımı sanmıyorum asla
Kimse
Ama hiç kimse
Bir başına yapamaz burada.

Yalnız, yapayalnız
Kimse ama hiç kimse
Bir başına yapamaz burada.

Bazı parababaları vardır
Ama kıyamazlar paracıklarına
Cadılar gibi dolaşır kadınları
Çocukları söyler hazin şarkılar
Pahalı doktorlara giderler
Taştan kalplerine şifa aramaya.
Ama kimse
Hayır hayır, hiç kimse
Bir başına yapamaz burada.

Yalnız, yapayalnız
Kimse ama hiç kimse
Bir başına yapamaz burada.

Dikkatle dinlersen şimdi beni
Anlatacağım sana bildiklerimi
Fırtına bulutları toplanıyor
Rüzgâr patladı patlayacak
İnsanoğlu ızdırap içinde kıvranıyor
Ve işitiyorum, iniltileri duyulmakta
Çünkü kimse
Ama hiç kimse
Bir başına yapamaz burada.

Yalnız, yapayalnız
Kimse ama hiç kimse
Tek başına yapamaz burada.

## TEMAS I

Kadın bir aşk öpücüğü diledi adamdan
ve sarmaş dolaş geceler.
Birbirlerine bağlandılar
ağaçların arasında
tam da kıyıcığında suların.

Yüzü delik deşik ay, hatırlattı kadına,
asırlar geçmiş sanki aradan
Yunanistan'ı, Parthenon'u
ve Kleopatra'nın saltanat kayığını
anlatmıştı adam.

Ayağını
okyanusun tuzlu sularına
soktu kadın, dizlerine kadar.

Adam Alexander Pope'tan,
Bernard Shaw'dan ve
*Çavdar Tarlasında Çocuklar*'dan bahsetti.

Sandaletleri suya kapıldı kadının,
ellerini kuruladı,
ıslak alnını sildi sonra.

Odasına doğru yürüdü ardından,
Gözlerindeki yaşı sildi
Sakınmadan söyledi annesine:
"Şunu öğrendim bütün anlattıklarından.
Bir başkasını seviyormuş
Benim sevdiğim adam."

## TEMAS II

### ADELE İÇİN

Delikanlı Öğrenci

Hiç değmedi onun yüzüne
kadim kitaplardan kalkan toz zerreleri,
ve kapkara, gösterişli pınarlar
onun genç cehaletinin
ötesinde bir yerde
mumyalanmış gibiydi.

## Hanımefendi Öğretmen

O ise Firavun duvarlarına kazınan
güngörmüş mücadeleden
ve çölleşmiş rüyalarının
dehlizlerinde çınlayan
Yeniden Yapılanma Dönemi'nin
ızdıraplarından söz açıyordu.

## HAYAL

Bana elini ver.

Bu şiir hırsının ötesinde
bir yer aç bana
hem seni götüreyim
hem de izleyeyim seni.

Bırak
dokunaklı sözcükler
ve aşkı yitirme sevdası
başkalarına
kalsın.

Sadece
Bana elini ver.

## AFRİKA

Öylece uzanmıştı
şeker kamışı tadında
bitimsiz çöller gibi saçları
ayakları altından
göğüsleri dağ
iki Nil gibi gözyaşları.
Öylece uzanıyordu
Simsiyah yıllar boyunca.

Akça denizlerin ötesinden
kırağı beyazı ve soğuk
vahşi haydutlar
buz sarkıtları gibi saldırgan, küstah
alıp götürdüler gencecik kızlarını
sattılar güçlü oğullarını
O'nu İsa'ya mahkûm ettiler
kanını döktüler silahlarıyla.
Öylece uzanıyordu.

Şimdi ayağa kalkıyor
acısını anımsayarak
derin ve karşılıksız haykırışlarını
kaybettiklerini anımsayarak
hazinelerini, zenginliklerini
katledilmiş tarihini anımsayarak
yürüyor artık emin adımlarla
bir zamanlar öylece uzanmış olsa da.

## AMERİKA

Vaat ettiği altın
    toprakta kaldı

Adaletinin sınırları
    açıkça tanımlanmadı

Bereketinin mahsulü
    başaklar ve yemişler

Ne derin acıları dindirdi
    ne de açlar doyabildiler

Gururlu beyannameler
    yaprak gibi savrulmuş

Güneyine bir bakın
    ölümle dostluk kurmuş

Haykırıyor harcanmış asırlar
    keşfedin bu ülkeyi

Soylu kitabelerini dikin
    kimsenin reddedemeyeceği:

"Katletti parlak geleceğini
    üç kuruş için harcadı

Tuzak kurdu evladına
    sahte efsanelerle kandırdı"

Yalvarırım

Keşfedin bu  ülkeyi.

## MASAL

Hep korkardı erkeklerden,
gecenin getireceği
günah ve keyiflerden.
Ne zaman bir yatak görse
şakırtılarla kapanırdı
kilitler aklında.

Kaşlarını çattı
ve tıkadı o bakışla
anahtar deliğini.
Çaprazlama bir zincir
astı kapısına
ve kapattı zihnini.

Kemikleri bulundu
yaklaşık otuz yıl sonra
yerine bir otopark
yapmak için evini
yıktıklarında.

Otopsi raporu okundu:
ölüm sebebi şiddetli insansızlık.

# MAHPUS

Cesurca süzülüyor
gün ışı
demir parmaklıklardan
ve zeminde titreşerek
dans ediyor
parıltılarla.
Kilidin,
anahtarların,
ökçelerin,
kurumuş kan lekeli
silahların
çınlamaları duyuluyor.
Cesurca süzülüyor
gün ışığı yine de.

Mahpushane
    kefaletname
sonra raylarla hürriyete.

Gri gardiyan adamlar
uğultu ve takırtıları
ve fasulyeyi
ve beton ölüm tabaklarını dağıtıyorlar.
Ve sonra soluk güneş
tökezliyor demir direklerin arasında
gri gardiyan adamların
yarattığı korkuyu azaltmak için.

Mapushane
    kefaletname
sonra raylarla hürriyete.

Karanlık gece.
Ben bizzat kendim
kayıp düşerim korkunun
kıvrımlarına ve tarihine.
Beni sırların derinliklerine çeker
ve sükûnete ve çınlamalara ve
nefretin hatıralarına kapar kulaklarımı.
Ve sonra gece ve uyku
ve rüya.

Mapushane
    kefaletname
sonra raylarla hürriyete.

## KADİM DENİZLERDE ÖLÜ ÇOCUKLAR

Tanrım,
senin yolunu gözlüyorum okyanuslarda
başımın üstünde alabildiğine
yükseliyor sular
Dalgalar, mısır tarlaları gibi
kabarıp alçalıyor
kara ayaklarımın etrafında.
Gökler kımıldıyor
yıldızlar yuvalar buluyor kendine
koyu çaresizlikler içinde.
Ben arıyorum hâlâ.
Seni hatırlıyor
ilk defa takdim edilen
salon kızlarının
soluk renkli bileklerindeki
zarif deniz kabukları.

Susturamamış senin sesini
yaşanmamış çocukluk
bile. Kulak
veriyorum. Fısıldıyorsun
su geçitlerinde.

Derin ağıtlar
iniltiler yükseliyor
denizin karnından
ve senin türkün
unutulmuş çayırların
yeşilini
ve tamtam seslerini
getiriyor bana. Palmiyelerin eğilişi
kadın gibi salınmalar
kara üzüm mavisi çocuklar,
kemikleriniz kadar
beyaz ve tertemiz
kumsallarda
gülüyorlar,
kadim suların
ayak ucunda.

Tanrım.
Yolunu gözlüyorum senin
bir balinanın
karnında.
Şimdi
senin kanın
maviye boyuyor
bizim
tarazlanmış
mezarlarımızın
üzerindeki dalga
köpüklerini.

# Ayağa Kalkıyorum

(*And Still I Rise*)

(1978)

## TAŞRALI ÇAPKIN

İç oynatan bir blues çalıyor
Çelik burunlu pabuçlar kıpırdanıyor
Kıvrılmış pantolonun paçası
Başlasın cumartesi gecesi dansı
Gidip kızılcık sodası içecek
Bulduğu ilk kızla dans edecek

## HATIRLAYIŞ

PAUL İÇİN

Ellerin, hafifçe dokunuyor
saçlarımdaki
arı kovanına, tebessümün
yanaklarımın
kıvrımında. Bundandır ki, üzerime
geliyorsun, coşup taşmaya
hazır istekle, o bilinmezlikler
kirletiyor zihnimi.

Kendini ve o sihri
geri çektiğinde sen,
göğüslerimin arasında
hüküm sürerken sadece aşkın kokusu,
o zaman işte, sadece o zaman,
varlığını doyumsuzca
içime çekiyorum.

## HARİKA KADIN

Sırrımı merak eder güzel kadınlar.
Ne pek şirinim ne de manken gibi ölçülerim var
Anlatmaya başlayınca da
Yalan söylediğimi sanırlar.
Derim ki sırrım,
Uzanabildiği yerdedir kollarımın
Kalçalarımın genişliğinde
Adımlarımın uzunluğunda
Dudaklarımın kıvrımında.
Bir kadınım ben
Harikayım
Harika kadın.
O benim işte.

Bir yere girerim
Olabildiğince kendimden emin
Ve erkekler
Donup kalırlar
Ya da diz çökerler önümde.
Kovan dolusu bal arısı
Dönenip durur çevremde.
Derim ki sırrım,
Gözlerimdeki alazda
Parıltısında dişlerimin
Belimin kıvrımında
Ve neşesinde yürümemin.
Bir kadınım ben
Harikayım
Harika kadın.
O benim işte.

Erkekler anlamak ister
Ne bulduklarını bende
Nasıl da çabalayıp dururlar
Ama dokunamazlar
Bende saklı gizeme.
Göstermek istediğim zaman bile
Göremiyoruz derler yine de.
Derim ki sırrım,
Sırtımın kavsinde
Güneşinde gülüşümün
Göğüslerimin salınışında
Soyluluğunda duruşumun.
Bir kadınım ben
Harikayım
Harika kadın.
O benim işte.

Anlıyorsunuz şimdi
Neden eğilmez başım.
Bağırıp çağırmam, tepinip durmam
Yüksek sesle de konuşmam.
Yanınızdan geçip gitsem bile
Gurur duymalısınız bundan.
Derim ki sırrım,
Topuklarımın tıkırtısında
Saçlarımın büklümünde
Ayalarında ellerimin
Özenime ihtiyaç duyuşunuzda
Çünkü bir kadınım ben
Harikayım
Harika kadın.
O benim işte.

## ERKEKLER

Gençliğimde, izlerdim
Perdelerin ardından
Sokakta erkeklerin
Bir aşağı bir yukarı
Yürüyüşünü. Ayyaş erkekleri, ihtiyar erkekleri.
Sustalı bıçak gibi delikanlıları.
Görürdüm onları. Erkekler
Hep bir yerlere giderler.
Bilirlerdi orada olduğumu. On beş
Yaşındaydım ve çıldırıyordum onlar için.
Penceremin altında dururlardı,
Omuzları bir genç kızın memeleri
Gibi dikti.
Ceketleri bellerine, kalçalarına vururdu.
Erkekler.

Zamanı gelince sizi avuçlarına
Alırlar, nazikçe, dünyanın
Görüp göreceği son ve kırılgan
Bir deniz kabuğuymuşsunuz gibi
Sonra sıkıştırırlar. Birazcık ama. İlk
Kavrayışları ne de güzeldir. Çarçabuk
Bir kucaklama. Yumuşak bir dokunuş
Savunmasızlığınıza. Sonra
Biraz daha. Ve acı başlar. Korkuya dokunanan
Bir tebessüm kopar içinizden. Nefes
Alamaz olunca
Zihniniz infilak eder, kuvvetle patlar, aniden,
Bir kibrit çöpü gibi. Paramparça.
Özsuyunuz,
Erkeklerin bacaklarından süzülür. Ayakkabıları lekelenir.
Hayat normale dönünce yeniden ve yerli yerine
Oturmaya başlarken yaşamaktan
Aldığınız tat,
Bedeniniz çarpar kapılarını. Sonsuza dek.
İşe yaramaz olur anahtarlar.

Sonra zihninizde boylu boyunca
Açılır pencereler. Orada, dalgalanan
Perdelerin ardında, erkekler yürür.
Akıllarında bir şeyler.
Bir yerlere giderler.
Ama bu defa, sadece
Durup izlersiniz.

Belki.

## RED

Ey sevilen,
Başka hangi hayatlarda hangi diyarlarda
Görmüş olabilirim
Dudaklarını
Ellerini
O cesur, küstah
Kahkahanı.
Taparcasına seviyorum
Tatlı sınır tanımazlığını.
Tekrar karşılaşacağımız
Kesin mi sanki
Başka dünyaların takvimsiz
Geleceğinde.
Meydan okuyorum bedenimdeki telaşa.
Bana bir daha
Buluşacağımızı vaat etmezsen
Tenezzül etmeyeceğim
Ölmeye de.

## SADECE BİR ZAMAN

Dudaklarında o kaygısız tebessümle
Nasıl da yürürdün
Ne çok severdim söylediklerini dinlemeyi
Ve sevmiştim
Sen yapan ne varsa seni.

Sen benim ilk aşkımdın
Tazeydin baharda şafaklar gibi
Hayalini kurduğum
Her şeydin belki
Dudağıma şarkılar getirirdin.

Anılardan söz etmeyi sevmiyorum
Bana göre değil eskiye bağlanıp kalmak
Gözyaşı dökmem
Geçip giden yıllar için
Ama sorarsan kalbimden geçeni
En değerli mücevherimdin sen benim
Ne çok severdim seni parıldarken görmeyi
Ah ne eşsiz bir kızdın sen.
Ve benimdin, bana aittin.
Bir zaman.
Bir zaman.
Sadece bir zaman.

## CANKİ DANSI

Omuzlar çökmüş
Ağır yükü altında aşırı dozun.
Eroin tüketmiş her yerini
Sürükleniyor kollar.

O bildik sihri yitip gitmiş,
Erimiş dizkapakları.
Ne eğilebiliyor
Ne de dönebiliyor geriye.

Çürümüş diş etlerinde sallanıyor dişler.
Feri sönmüş, pörtlemiş gözleri
Yüzüyor irin içinde.

Kafa gitmiş,
Silinmiş o eski güzel hedeflerin haritası,
Kölelik yıllarından önceki istikamet
Kaybolmuş iğne izlerinin altında.

Eve giden yollarda
Darmadağın olmuş hayaller,
Gafil korkular
Sarıp kuşatmış onu.
Göğsüne karabasan gibi çöküyor intikam duygusu
Tatlı bir ölüm macerasıdır içindeki.

Daha ne kadar
Dans eder bu canki?

## YAŞAM DERSİ

İşte ölüyorum bir kez daha.
Çatlıyor damarlarım, uyuyan çocukların
Minicik avuçları gibi
Açılıyor.
Eski mezarların anıları,
Etin çürüyüşü, kurtlanan beden
Alıkoyamıyor beni
Meydan okumaktan. Geçen yıllar
Ve kaçınılmaz bozgunlar
Yaşıyor derin çizgilerinde
Yüzümün.
Gözlerimin ferini alıyorlar, ben
Ölüyorum bir kez daha.
Yaşamayı bu denli sevdiğim için.

## YEŞİL KART ANNESİNİN ŞARKISI

Kolları kocaman üçgenler çiziyor,
Sıkılı duruyor tombul elleri kat kat kalçalarının üstünde
Fasulyeye talim etmekten ve şişkoluktan
Yıllardır işe yaramaz olmuş kemikleri
Gerdanı titriyor, başa kakıla kakıla
Kabak tadı vermiş
Suçlamalardan. Çocukları oyuncak nedir görmemiş
Karanlık eşiklerde, çatı aralarında
Koşturup durmak oyun diye bildikleri,
Başkasının malına hınzırca el uzatmak
Yapıp ettikleri.

Bedenini satamayacak kadar şişman,
Bir işte tutunamayacak kadar öfkeli,
Rüyalarında şans işareti arıyor
Yürüyor çıplak elleriyle
Memurların inlerine
Payına düşen için.
"Sadaka değil bu.
Hakkımı alıyorum."

## ŞARKICI SÖYLEMEYECEK ŞARKISINI

A. L. İÇİN

Bütün hayır duaları edildi. Vaat edilmedi,
cinsiyetsizliklerinin ardında
bayağı yalanlarla kanat çırpan
el değmemiş meleklerin bize geleceği. Borazanlar
yüceltmiyor uydurulmuş söylentilerin
kehanetlerini.
Uyumlu sesler yine de
taşlaşmış hançeresinde kalakaldı onun. Keşfedilmemiş
notalar bekliyor suskun dilinde.

Dolgun dudakları
somurtuyor. Mor gece kuşları
dinlenmek için sokulmuş yanına.
Ağzı mühürlenmiş, sessiz.
Tınılar uzanamıyor bu
kızıla çalan duvarların ardına.

Şarkıcı çok geç, yapayalnız
geldi buraya.

## KADIN İŞİ

Çocuklarım var bakılacak
Elbiseler yamalanacak
Yerleri paspaslamalıyım
Sonra çarşıya çıkmalıyım
Kızartmam lazım tavukları
Değiştirmeliyim bebeğin altını
Elime bakan boğazları doyuracağım
Bahçede otları yolacağım
Elbette gömlekler ütülenecek
Yavrulara üst baş giydirilecek
Kamışların hasat zamanı geldi
Temizlemem de gerekli kulübemi
Daha gidip bakacağım hastalara
Pamukları toplayacağım ondan sonra.

Üstüme doğ gün ışığı
Yağ yağmur üstüme
Sakince gel çiy damlası
Alnımı serinlet yine.

Kasırga, al beni buradan
Deli rüzgârlarınla senin
Bırak süzüleyim göklerde
Ve tazeleyeyim kendimi yine.

Sakince dökül kar tanesi
Beyaz, soğuk öpücüklerinle
Ört üzerimi ve bırak
Biraz dinleneyim bu gece.

Ey gün, yağmur, bel vermiş gökler
Dağ, deniz, yaprak ey taş
Ey yıldız ışıltısı, ay parıltısı…
Sizden başka kimim var benim.

## GEZGİN

Sapa yollar ve mazi
Ve bir başına geçen uzun geceler
Gün ışığı ve dalgaları denizin
Ve yıldız ve taş

Yapayalnız ve arkadaşsız
Sığınacak evim bile yok
İşte işkencem benim
Bir başına geçen uzun gecelerim

## KARDEŞ

BAILEY İÇİN

Kandan kızıl halkalarla ve yalnızlıktan
Sımsıkı sarılmıştık birbirimize ilk kar
Düşmeden önce, bırakmadan önce
Çamurlu ırmaklar bulutlarını bakir
Ormanların üstüne, kara veya mavi
Derili insanoğlu çırçıplak koşmadan
Önce sıcacık kucağına
Belkıs'ın, Havva'nın, Lilith'in.
Ben kızkardeşindim senin.

Birbirine benzemeyenleri kardeş
Kalıbına sokmaya zorladın beni
Hiç borçlanmadıkları, asla
Ödeyemeyecekleri bedelleri dayatarak.

Ölümüne savaştın, yok oluşta gizli
Yeniden doğuşun tohumlarını
Düşünerek. Haklısın belki.

Hatırlayacağım güneyin ormanlarında
Sessiz yürüyüşlerimizi
Alçak sesle uzun
Konuşmalarımızı, büyüklerin
Çokça meraklı kulaklarında sakınarak.

Haklısın belki.
Dehşetin ve kanlı çığlıkların
Toprağından ağır ağır dönüşün
Hızlandırıyor kalbimin atışını.

Yeniden duyuyorum çocuk
Kahkalarını ve uçuşuyor
Ateşböcekleri, usulca parlıyorlar
Alacakaranlığında Arkansas'ın.

## AYAĞA KALKIYORUM

Beni tarihe kaydedebilirsiniz
Acı sözlerinizle, yalanlarınızla,
Beni yerin dibine, çirkefe batırabilirsiniz
Ama uçuşan toz gibi
    Ben yine ayağa kalkacağım.

Hırçın özgüvenim üzüyor mu sizi?
Hangi sıkıntıyla kaçıyor rahatınız?
Biliyorum, çünkü oturma odamda keşfettiğim
Petrolü çıkarır gibi yürüyorum.

Aylar gibi ve güneşler
Mutlaklığı gibi medcezirin
Göğeren umutlar gibi
    Ben yine ayağa kalkacağım.

Mahvolduğumu görmek mi istemiştiniz?
Boynum eğik ve gözlerim yerde?
İç burkan feryatların dermansız bıraktığı
Gözyaşları gibi düşen omuzlarımla?

Böyle gururlu duruşum incitiyor mu sizi?
Neden kederleniyorsunuz bu kadar?
Biliyorum, çünkü arka bahçemdeki altın madenini
Kazıyormuş gibi gülüyorum.

Beni sözlerinizle vurabilirsiniz,
Gözlerinizle yaralayabilirsiniz beni,
Nefretinizle beni öldürebilirsiniz
Ama hava gibi, su gibi
    Ben yine ayağa kalkacağım.

Cazibem dert mi oluyor içinize?
Baldırlarımın birleştiği yerde
Elmaslar varmış gibi dans etmem mi
Şaşırtıyor sizi?

Kulübesinden çıkarak utanan tarihin
Ayağa kalkıyorum
Acıda kök salmış bir geçmişten gelerek
Ayağa kalkıyorum
Yükselen ve uçsuz bucaksız bir kara ummanım ben
Kaynayıp kabarıyorum, dayanıyorum cezirde medde

Korku ve dehşet gecelerini bırakarak geride
Ayağa kalkıyorum
Harikulade aydınlıktaki şafaklara doğru
Ayağa kalkıyorum
Beraberimde atalarımdan yadigâr armağanlar
Umudu ve hayaliyim ben kölelerin.
Ayağa kalkıyorum
Ayağa kalkıyorum
Ayağa kalkıyorum.

# Niçin Şarkı Söylemiyorsun Shaker

(*Shaker, Why Don't You Sing*)

(1983)

# NEW YORK'TA UYANMAK

Perdeler direniyor
rüzgâra,
çocuklar uykularında
meleklerle değiş tokuş
ediyor düşlerini. Tüm şehir
sürüklüyor kendini metro
istasyonlarında ve
ben bir tehlike işaretine, bir
savaş söylentisine uyanıyorum,
upuzun uzanıyorum şafağa kadar,
ne hâlimi soran var ne de merak edenim.

# İYİ BİR KADININ ACISI

Acı bir türküdür belki sürdüğün hayat
Ya da gecelerini bir başına
Geçirmendir yatakta.
Ama benim bildiğim kadarıyla
O zalim türküler,
İz sürerler kaplan misali
Kemiklerini kırarlar adamın,

Darağacında sarkarlar
İp gibi bazen,
Belki lanet ederim
Tüm soyuma ben,

Acı yapışır diline
Durmadan yakar,
Bir aşk ilahisi
Söylenmeden susar,

Kuzeye yönelir nehirler
Ama biter Güney'de,
Cenaze nağmesi gibidir
Hem de dönerken eve.

Bilmeceler türküdür
Can yakar hep türküler
Bu kadardır bildiğim
Türküler bitmez sürer.

## BİR GEORGİA ŞARKISI

İçimiz doluyor Güney şehirlerinin rayihasıyla,
Geberesiye haşlanmış tuzlu domuz,
Manolyaların tatlı akşam keskinliği
Ve taze terin o müthiş yeşil kokusu.
Güneyin tarlalarında,
Uzaktan uzağa dans eden
Koşturan ayak seslerinin,
Acı şarkıların
Valslerin, çığlıkların ve
Salon danslarının akıcı tınıları
Dalga dalga süzülüyor
Bereketli Georgia topraklarında.

Bana bir ninni söyle, Savannah.

Saatler geçmek bilmiyor Tara'nın evinde ve
Toza batmış zambaklardan süzülüyor
Dayanılmaz bir hüzün.

O güzel günlerimizi unutma, Susannah.

Ah, kan kırmızısı toprak,
Hâlâ ıslak asırlık
Günahlar yüzünden ve Abenaa
Melez türküleri söylüyor
Macon'a.
Biz, kış akşamları ve
Benzi solmuş ay
Ve çoban ateşlerinin çıtırtılarıyla
Öylece kalırız büyülenmiş nice
Zamandır.

Bizim için ağla, Augusta.

Bizi sarsıp kendimize getirecek
Bir rüzgâr lazım bize, ihanete uğramış
Aşkın kalbimizi birdenbire
Susturması gibi.
Kaybolmuş dokunuşları,
Gözümüzün önündeki aşkın
Ne dudaklar güzel öpüşler vaat ediyor
Ne de olup biteni görebiliyor
Melezlerin gözleri.

Bize yeni düşler için cesaret ver, Columbus.

Dipdiri yeni bir ay,
Bir kış gecesi ve dingin,
Endişesiz, öylece
Akıp giden
Huzur
Tek ihtiyacımız.

Ey Atlanta ey esrarlı ve
Yitik şehir.

Yeni bir şarkı söyle bizim için. Güneydeki
Huzurun şarkısını.

## KURTULUŞ

DUGALD İÇİN

Nihayet varılmış
son bir aşk,
kırpmalı kanatlarımızı,
yasaklamalı yeniden uçmayı.

Fakat ben, şimdi
darmadağınığım, kafam karışık
havalanıyorum
hızlanıyorum ışığa doğru.

## KAFESTEKİ KUŞ

Özgür bir kuş atılır
terkine rüzgârın
ve süzülür akıntıyla beraber
sonuna kadar
ve daldırır kanatlarını
gün rengi ışığına güneşin
ve sahiplenmek ister
cesaretle gökleri.

Fakat daracık kafesinde
durup dolanan bir kuş
görebilir mi hiç
gazap parmaklıklarının ötesini
kanatları yolunmuştur
ve zincirlidir ayakları
bundandır şarkı söylemek için
gırtlağını hazırlaması.

Söyler şarkısını
kafesteki kuş
sesi bilinmezliğin
korkusuyla titrer
o kadar çok ister ki
duyulur uzak tepelerden
kafesteki kuşun
özgürlük şarkısı.

Özgür kuş başka bir meltemi kovalar
ve güçlü rüzgârlarla süzülür arasından hışırdayan
[ağaçların
ve iştah açan yiyecekler onu bekler şafak gülümserken
[çimenlikte
ve ilan eder kendisine ait olduğunu göklerin.

Fakat kafesteki kuş mezarını bekler hayallerin
bir kâbus çığlığına ses olur gölgesi
kanatları yolunmuştur ve zincirlidir ayakları
bundandır şarkı söylemek için gırtlağını hazırlaması.

Söyler şarkısını
kafesteki kuş
sesi bilinmezliğin
korkusuyla titrer
o kadar çok ister ki
duyulur uzak tepelerden
kafesteki kuşun
özgürlük şarkısı.

## İLAN

Kampanayı çal,
yemeği hazırla,
gümüş madalyonu as boynuna.
Ev sahibi kapıyı çalıyor
Kirayı hazırladım, vereceğim az sonra.

Işıkları söndür,
nefesini tut,
yüreğimi al avuçlarına.
İki hafta oldu işte kovulalı
Kira vakti geldi çattı kapıya.

## UYKUSUZ

Bazı geceler kendini
naza çeker uyku,
uzak durur ve oralı olmaz çağrılara.
Onu yanıma çekmek için
yaptığım bütün hileler
yaralanmış gurur gibi anlamsızdır
ve daha çok ızdırap verir bana.

# Kıpırdamayacağım

(*I Shall Not Be Moved*)

(1990)

## EMEKÇİNİN ŞARKISI

Şilepler ilerler
denizlerde
    benim sayemde
    benim sayemde
Trenler koşturur
raylar üstünde niçin
    omuz verdiğim için
    omuz verdiğim için
    Heyya heyya hey
    Heyya heyya hey

Arabalar ulaşır
korkunç hızlara
    ben varım orada
    ben varım orada
Vız gelir uçaklara
dağlar denizler
ellerim yeter
ellerim yeter
    Heyya heyya hey
    Heyya heyya hey

Erkenden uyanırım
işler fabrikalar
Ölesiye çalışırım
Hayat durmaz akar
Bir şey daha var bende, bir şey daha var bende
Büyümekte, yaklaşmakta, gelmekte...
    Heyya hey
    Heyya hey
    Heyya hey

## İNSANLIK AİLESİ

Apaçık farklarıyla
tanıyorum insanlık ailesini.
Kimimiz pek ciddiyiz,
kimimiz hep neşeli.

Şaşmaz bir bilgelikle yaşadığını
ilan eder kimi,
öteki iddia eder, gerçekten
yaşadığını gerçek gerçekliği.

Ten renklerimizin farklılığı
şaşırtır, afallatır, memnun eder belki,
kahverengi ve pembe ve bej ve mor,
taba ve beyaz ve mavi.

Yedi denizde yelken açtım
ve uğradım her limana,
tüm harikalarını gördüm dünyanın
görmedim başkasının aynısı bir insan daha.

On bin kadın tanıdım
Jane ve Mary Jane'di adları,
fakat daha rastlamadım
hiç yoktu birbirinin aynısı.

İkizler dahi farklıdır
çehreleri benzese de,
yan yana uzanan sevgiler vardır
aynı şeyi düşünmezler yine de.

Sevip de kaybedince Çin'de
ağlarız İngiltere kırlarında,
gülünce ve üzülünce Gine'de
serpiliriz İspanya kıyılarında.

Fin ülkesinde başarı ararız
doğarız ve ölürüz Meyn'de,
çok az farkımız var aslında
çok benziyoruz birbirimize.

Her türün ve her tipin
farklarını gördüm, anladım
benziyoruz birbirimize
benzemediğimizden çok dostlarım.

Benziyoruz birbirimize
benzemediğimizden çok dostlarım.

Benziyoruz birbirimize
benzemediğimizden çok dostlarım.

## AŞK BU MU?

Ebeler ve darmadağın olmuş çarşaflar
bilirler doğurmanın nasıl da zor olduğunu
ve ölümün bayağılığını
ve yaşamın sınanma anlamına geldiğini.

Neden yıldızlar arasında rivayetler
gibi fısıldaşarak gezip duruyoruz?
Bir boyut mu yitirdik yoksa?
Yoksa aşk bu mu?

## EKMEK TEKNEM VE BEN

Limanda çalışıyorum bir işim var.
Üç gün haftada zor değil o kadar.
Kiramı zamanında öder, ekmeğimi alır
ve biraz da azık işte.
    Karım da çalışıyor elbette.

Üç evladım var hepsi okulda,
elbise isterler pabuç sorarlar,
verebilirsem istediklerini
sokaklardan uzak dururlar.
    Efendi çocuklardır aslında.

Hayatım ne ilginç ne de o kadar hazin.
Çok daha beterleri var etrafımda.
İhtiyacım da zaten yok
yabancıların acıyan bakışlarına.
Ben istemem siz saklayın onu

başkalarına.

## NUR YAĞMURU

Bir nur yağmuru başlar
Haçımızın üstüne
kimsesizliğin ağıdını
ağlarken biz
nefret ki
    boynumuza asılı
    ve ayaklarımızın altında
    serili taşın safrasıdır.
İpekten giysiler
    dokuduk
    ve giydirdik çıplaklığımızı
    kaba kumaşla.
Bu karanlık dünyanın
    toprağında
    sürünerek başladık
    ve yükseldik
    bulutların arasından
    kuşların da ötesine
    ve yolumuzu uğratmadan nefrete
    çaresizliğe
    kardeşlerimize şeref, kız kardeşlerimize neşe
    [getirdik.
Kendi yarınlarımızdan
    beslense de korkular
    büyüyeceğiz onların rağmına.
Boy vereceğiz.

## BÜYÜK ANNELERİMİZ

Çırçıplak uzandı ıslak toprağa,
sazların hışırtısı
yaprakların fısıltısı ve
av köpeklerinin uluyan arzusu ve
avcıların altüst ettiği dalların gürültüsü arasında.

Mırıldandı, hürriyete doğru başını kaldırarak
kıpırdamam, kıpırdamayacağım.

Çocuklarını topladı,
gözyaşları kara yanaklarından yağ gibi kayıyor,
çocuk gözleri deliliğin sabahlarını ikna etmek ister gibi.
Anacığım, Sahip yoksa yarın
seni satacak mı bizden uzağa?

Daha az konuşup
Daha çok yürümezseniz
Evet.
Efendi Sahip
beni bütün buyruklardan azat etmezse.
Evet.
Ve ömürleriniz
hiçbir zaman bana ait olmadı zaten,
İdam edilecek masumların katledildiği siyaset
[meydanında.
Kalbime ve sözlerime kulak verip
Benimle birlikte söylemezseniz eğer,

kıpırdamayacağım.

Virginia'nın tütün tarlalarından
Kuyruklu bir piyanonun kıvrımına yaslanan,
Arkansas yolları boyunca,
Georgia'nın kızıl tepelerinde,
zincirlenmiş ellerinin ayalarına doğru,
haykırarak lanet okudu kara kaderine,
Mahvetmek istediniz beni,
Ondandır her gün can vermem yeniden,

kıpırdamayacağım.

Tüm dünyası nedir ki onun
en sonunda ağaçlardan ayaklarına dökülen,
her seferinde yeni bir sesle çığlığa dönüşen
bir siyah bedenden başka,
Tüm geçmişim bir mağlubiyeti hızlandırıyor,
el koyuyor aşkımdan doğan mutluluğa,
ve hak tanımazlık mahkûm ediyor beni yatağına,

yine de kıpırdamamalıyım.

Tarihin rüzgârında fırıl fırıl dönen şeritler gibi,
kendisine verilen isimleri de duyuyordu:
gündüz feneri, zenci orospu, sığır,
analık, mal, yaratık, maymun, şebek,
kahpe, yelloz, eşya, şey.
Dedi ki:
Ben kendimce var olduktan sonra bu dünyada
sığmaz benim tarifim sizin dilinize,

ve kıpırdamam, kıpırdamayacağım.

Hiçbir melek kanatlarını germedi,
evladının başı üstüne, onları korumak için,
hayatlarının keşmekeşi üzerinde
kanat çırpmadı ve estirmedi akıl rüzgârlarını.
Taze yaban otları gibi sürgün verdiler
ama ne koruyabildi onları serpilip göğerirken
cehaletin bileyli hançerinden
ne de anlamlı şekiller verebildi onları budayarak.
Onları uzaklara gönderdi, yer altından, yer üstünden
gittiler, at arabalarında ve
yalın ayak.
Yine de
Öğretin öğrenince
verin alınca, dedi.
Ve bana gelince,

kıpırdamamalıyım.

Ummanlarda doğrulup toprağı aradı.
Yüzünü görmek istedi Tanrı'nın
Emindi
sunaklarda görevini tastamam yaptığından,
bundandır iman örtülerine bürünmesi
ama mabetlerin kapısında belirdiğinde
hiç kimse buyur etmedi onu.
Siyah Büyük Anneyi. Yine de
Girdi içeri.

Tüm soluğuyla,
tüm günahlarıyla haykırdı.
Hiç kimse, hayır, hiç ama hiç kimse
cesaret etmesin beni
Tanrı'dan mahrum bırakmaya.
Tek başıma ileri atılacağım ve
on binlerce çıkacağım onun karşısına.

Sağ yanımdaki İlah
yönlendiriyor beni Hürriyet kapısını
sonsuza dek açık tutabilmem için.
Sol yanımdaki Kutsal Ruh beni
durmaksızın, hakkın obasına
ve hürlerin çadırlarına yönlendiriyor.
Bu anne çehresi, bu limon sarısı, bu erik moru,
bu bal rengi yüzü ekşimiş ve altüst olmuş
bütün o seneler boyunca.
    O Belkıs ve Sojourner,
    Harriet ve Zora
    Mary Bethune ve Angela ve
    Annie'den Zenobia'ya kadar.

Kürtaj kliniğinin önünde duruyor,
tercih şansı olmadığına
lanet ederek.
Sosyal yardım kuyruğunda bekliyor,
acınası sadakanın karşısında küçülerek.
Minberlerden takdir görüyor,
korunuyor,
kimsenin bilmediği sırlarla.
Ameliyathanelerde koruyor
hayatı.
Koroda Tanrı'yı
tutuyor hançeresinde.
Issız sokak başlarında,
bedenini satıyor.
Ve seviyor sınıflarında
dersini anlayan çocukları.

Tam ortasında dünya sahnesinin
sevdiklerine ve onu sevenlere
düşmanlarına ve iftiracılara
şu şarkıyı söylüyor:
Anlaşılsam da kandırılsam da,
cahil olsam da bilgiç olsam da,
bir kenara koyun korkularınızı
yoksa tamam olamayacağım.

İşte bu yüzden
kıpırdamayacağım.

# YEDİ KADININ YEDİ KUTSAL GÜVENCESİ

1

Hakkımda bir şey söyleyeyim,
ufak tefek biriyim,
ama kendime birini bulurum
nereye gidersem gideyim.

2

Bana fasulye sırığı derler
upuzun olduğumdandır.
Erkekler beni görünce,
Düşeceklerini sanır.

3

Şebnem gibi tazeyim
gencim ben sabah gibi.
Elbet beni severler
sevsene sen de beni.

4

Yağ gibiyim şişmanım
tatlıyım hem şekerden.
Sallanınca geçilmez
iç çeken erkeklerden.

5

Ufacığım sıskayım,
bal gibiyim tatlıyım.
Beni almak isterler
"Bi' kahve içelim" derler.

6

Kırkımı geçince ben
bıraktım rol yapmayı,
zira sever erkekler
akıllı kadınları.

7

Elli beş çok iyidir,
elli dokuzum şimdi,
zira erkeklerin de
dinlenmesi gerekli.

## MİSSOURİ'MDEYKEN

Missouri'mdeyken
Kaba bir adam tanımıştım
Sert bir adamdı
Soğuk bir adam
Yaralıyordu hatta öldürüyordu beni
Buz gibi bir adamdı
Katı bir adam
Bir adam.

Herhalde bundandır, ben de hiçbir zaman
Tatlı bir adamla tanışamayacağımı sandım
Kibar bir adamla
Hakikatli bir adam
Karanlıktayken bile güven veren bir adamla
Emin bir adam
Bir adam.

Ama Jackson Mississippi'de iyi adamlar var
Kuvvetli adamlar
Siyah adamlar
Bir orduymuş gibi yürüyen tatlı adamlar
Koyu renkli adamlar
O adamlar.

Oberlin Ohio'da, candan adamlar vardı
Evet adamlar
Adil adamlar
Elini uzatan, can veren sıcak adamlar
İyi adamlardı
O adamlar.

Artık biliyorum ki iyi ve kötü adamlar var
Kimi hakikatli adam
Kimi acımasız adam
Siz kadınlar, kendi adamınızı aramaya devam edin
En iyi adamı
Size göre olanı
O adamı.

## DİYORLAR Kİ

Biri merak edip diyor ki bana
güçlü kuvvetli bir kız benim gibi
başvurup normal bir işe
neden maaşlı çalışmaz ki.
Ona öğretmek istiyorum ben de
hiçbir boşluk bırakmadan
Küçük insanlar bile yaşayamaz
adam gibi para kazanmadan.

Biri merak edip diyor ki bana
neden seni hafta boyu bekliyormuşum.
Ama kifayetsiz kalıyor kelimelerim
bana neler yaptığını anlatmaya.
Suların sellerin akışı var senin yürüyüşünde
bunu anlatıyorum ona
bilmecelerimi çözerken
kılını bile kıpırdatmaz diyorum hatta.

## ULU AĞAÇLAR DEVRİLDİĞİ ZAMAN

Ulu ağaçlar devrildiği zaman,
uzak tepelerde ürperir kayalar,
boy atmış otların arasına
pusar aslanlar,
ve filler bile güvenli bir yere
ağır ağır yürümeye başlar.

Ulu ağaçlar devrildiği zaman
ormanlarda,
ufarak yaratıklar sessizliğe çekilir,
duyuları siner
korkunun gölgesinde.

Ulu insanlar öldüğü zaman,
hafifler etrafımızdaki hava
çoraklaşır, seyrelir.
Tökezler nefesimiz.
Gözlerimiz ansızın görmeye başlar
acıtan gerçekleri.
Hafızamız birden keskinleşir,
sorgular,
kemirir söylenmemiş tatlı sözleri,
vaat eder
hiç yürünmemiş yolları.

Ulu insanlar ölür ve
onlara mecbur hakikatimiz
veda eder bize.
Büzülür, kurur
onların şefkatine muhtaç
ruhlarımız.
Eksilir,
onların aydınlığıyla
biçimlenen ve aydınlanan bilincimiz.
Bu kadar hiddetlenmemişizdir hiç,
tarifsiz cehaletine mahkûm edilinceye değin
karanlık ve soğuk mağaraların.

Ulu insanlar öldüğü zaman,
az sonra huzur çiçeklenmeye başlar
ağır ağır ve hiç kural tanımadan.
Sakinleştirici bir titreşimle
dolar bütün boşluklar.
Duyularımız yenilenir,
eskisi gibi olmaz asla
ve fısıldarlar kulağımıza.
Onlar bu dünyada yaşadılar.
Yaşadılar. Biz... Daha güzel
olabiliriz. Yaşadığı için onlar.

# Sabahın Nabzında

(*On the Pulse of Morning*)

(1993)

## SABAHIN NABZINDA

Taş, Irmak, Ağaç
O yitip gitmiş canlılara kucak açar
İzini taşır mamutların,
Dinozorların, kısacık ömürlerinden
Bu dünya denen gezegende
Kupkuru yadigârlar kalmış,
Silinmiş, telaşlı kıyametlerinin alametleri
Asırların ve toz bulutlarının kasvetinde.

Ama bugün haykırır o Taş, apaçık ve yumruk gibi,
Gelin ve doğrulun benim üzerimde
Dönün yüzünüzü uzak kaderinize,
Fakat bir sığınak aramayın gölgemde benim,
Saklanacak hiçbir yer bulamayacaksınız orada.

Siz neredeyse melekler kadar kıymetli
Yaratılmadınız mı,
Sinip kalmışsınız o çürüten karanlıklarda
Uzanmışsınız koynunda cehaletin,
Kıyımları çağırır ağzınız,
Saçar silahlanmış sözleri.

Bugün haykırır yüzümüze o Taş,
Doğrulabilirsiniz üzerimde benim,
Fakat gizlemeyin sakın yüzünüzü.

Her köşesinde dünyanın,
Enfes bir türkü söylüyor Irmak. Çağırıyor,
Kıyıcığında dinlenmemiz için.

Her biriniz, hudutlarla çevrili ülkeler,
Ne kadar narin olsanız da gururlusunuz,
Yine de bitimsiz, haşin kuşatmalar altındasınız.
Çıkar uğruna giriştiğiniz tüm o savaşlar
Yıkımların getirdiği mecburiyetlerden
Başka bir şey bırakmıyor geriye.
Ve göğsüme kadar yükseliyor süprüntü selleri.
Irmak boylarına çağırıyorum yine de sizi,
Eğer ezber etmeyecekseniz savaşmayı bir daha.

Gelin, barışa bürünün,
Ve ben söyleyeyim
Taşla, Ağaçla bir olduğum zaman
Yaradanın bana bahşettiği türküleri.
Alın çatınızı dağlamadan önce karamsarlığınız
Nasıl da biliyordunuz kara cahil olduğunuzu.
Irmak söylerdi ve yine söyler türküsünü.

Türkü söyleyen Irmağa ve bilge Taşa
Eşlik etmek için can atıyorlar.
Bunu söylüyor Asyalılar, Latin Amerikalılar, Yahudiler,
Afrikalılar, Amerikan yerlileri, Siyular
Bunu söylüyor Katolikler, Müslümanlar, Fransızlar,
[Yunanlar,
İrlandalılar, Hahamlar, Rahipler, İmamlar,
Bunu söylüyor Eşcinseller, Heteroseksüeller, Vaizler,
seçkinler, evsizler, Öğretmenler.
Duyuyorlar. Hepsi duyuyor
Ağacın sözlerini.

İlk ağacın ve sonuncunun insanoğluna
Seslenişini dinliyorlar bugün.
Gelin bana,
İşte buraya, kıyısına Irmağın.
Burada kök salın kıyısında Irmağın.

Her biriniz, göçüp gitmiş bir seyyahın neslisiniz,
Ödendi hesabınız.
Siz, ilk ismimi veren sizsiniz bana, siz,
Pavniler, Apaçiler, İrakualar, siz,
Çeroki halkı, benimle huzura erdiniz,
sonra sürüldünüz kanayan ayaklarınızla,
Terk ettiniz beni, gözünü kâr hırsı bürümüş,
Doymak bilmez altın heveslisinin ellerine.

Siz, Türkler, Araplar, İsveçliler,
Almanlar, Eskimolar, İskoçlar,
Siz İtalyanlar, Macarlar, Polonyalılar,
Siz Aşantileri Gine'nin, Nijerya'nın Yorubaları, Kruları
[Liberya'nın
Satılan, çalınan ve düşler için dua ederken
Bir kâbusa uyananlar.

İşte buraya, yanı başıma kök salın.
Ben Irmağın diktiği o Ağacım,
Hiç kimse yerimden söküp alamaz beni.
Ben Taşım, Ben Irmağım, Ben Ağacım,
Sizinim, tüm harçlarınız ödendi.
Düşürmeyin yüzünüzü, delicesine bekliyordunuz
Sizin için ışıyan bu sabahı.
Canınıza okumuş olsa da tarih
Silinemez artık, elverir ki cesaretle
Karşılayın onu, bir daha yaşanmasın acılar da.

Sizin için söküyor şafak,
Açın gözlerinizi.
Yeniden can verin
Düşlere.

Kadınlar, çocuklar, erkekler,
Alın onu avuçlarınıza,
En gizli ihtiyacınızın biçimini
Verin ona. Bir heykel yapın ondan
Ve sunun tüm insanlara.
Mühür vurmayın kalbinize.
Yeni bir şanstır
Her yeni saat
Yeni merhabalar için.
Baş eğmeyin ebediyen korkulara,
Kaldırıp atın bütün o barbarlıklara rağmen
Yabanıllığın prangalarını.

Ufuk serilmiş önünüze,
Değişim için yepyeni
Adımlar atın diye.
İşte burada, bu güzel günün nabzında,
Üzerimden, Taş, Irmak, Ağaç ve yurdunuza doğru,
Yukarıya ve ileriye bakmak için toplayın cesaretinizi.
Midas'a da yer var dilenciye de.
Mamutlara da yer vardı sana da.

İşte burada, bu yeni günün nabzında
Kıvancını hissedin yukarı ve ileri bakmanın
Ve kız kardeşinizin gözlerine
Ve erkek kardeşinizin yüzüne
Yurdunuza bakın,
Sonra sadece
Evet sadece
Umutla dopdolu,
Günaydın deyin.

# Notlar

**Mavi Sakal**

Bleubeard, La Barbe bleue. Fransız kökenli ve Avrupa'ya yayılmış bir halk hikâyesi. Benzerlerine Doğu masallarında da rastlanan bir tipleme olan Mavi Sakal, adını korkunç sakallarından alan bir soyludur. Son evliliğini yaptığı genç kadın, Mavi Sakal'ın şatosundaki korkunç gerçeği fark eder. Mavi Sakal'ın kendisinden önceki karıları öldürülmüş ve cesetleri şatonun bir odasında gizlenmektedir.

**Hâcer**

Âcer, Hagar. Yahudilik ve İslamiyet'te adı geçen tarihî, dinî bir kadın figür. Semavi dinlerin peygamberleri İbrahim'in karısı, İsmail'in annesidir. Aslen Habeşistanlı bir köledir. Siyah halkla bağlantılarını belirginleştirmek isteyen siyah feminist hareket, Hâcer'i sık sık anar. Hâcer günümüzde genellikle "güç, canlılık ve yetenek" gibi niteliklerle özdeşleştirilmektedir. Ayrıca İslam kaynakları Hâcer'i tarihsel Arap kimliğinin kurucusu, annesi saymaktadır.

**Belkıs**

Sheba, Queen of Sheba. Semavi dinlerin kutsal kitapları, Doğu mitolojileri ve halk söylenlerinde çok önemli bir yeri olan siyahi kraliçe (Saba Melikesi). Tarihsel varlığından kuşku duyulsa da Habeşistan, Arap yarımadası (özellikle Yemen), Mısır hatta tüm kuzey Afrika'ya yayılan ve iç içe geçmiş, takibi zorlaşmış efsane ve dinsel mitlerin odağındadır. İlk siyahi kraliçelerden sayılmaktadır. Süleyman'la olan ilişkisi sayısız sanat eserine ilham vermiştir. Özellikle siyah güzelliği, zenginlik ve güçle ilişkilendirilir. Belkıs'a doğaüstü, mistik güçler atfeden folklorik kaynaklar da bulunmaktadır.

**Vesey**

Denmark Vesey. 18. yüzyılın sonlarında doğan, 19. yüzyılın başlarında asılarak öldürülen isyancı siyah lider. 20 yıl kölelikten sonra -bazı kaynaklara göre bir çekiliş vasıtasıyla- özgürlüğüne kavuşan Vesey, Güney Karolayna'da patlak veren Amerika tarihinin en büyük köle isyanlarından birinin lideri olmakla suçlanmış ve öldürülmüştür. Vesey'in öncülük ettiği isyan, 9000 siyah kölenin zor kullanarak özgürlüklerine kavuşmasını ve özgürleşmiş siyah kölelerin yaşadığı -kısmen- kendi kendilerini yönettikleri Haiti'ye göçünü amaçlıyordu.

## Turner

Nat Turner. Virginia plantasyonlarında çalıştırılan bir köleyken 1831'de büyük bir isyan başlatan ve öldürülen devrimci siyah lider. Turner'ın öncülük ettiği isyanda pek çok beyaz öldürülmüştü. Siyahların yaşamakta olduğu "dehşet ve korku"yu beyazlara da yaşatmak istediği fakat plantasyondan kaçtıktan sonra yoksul beyazlarla karşılaşmasının görüşlerini yumuşattığı söylenir. İsyandan sonra beyaz intikam timleri kurulmuş, pek çok siyah köle öldürülmüş, ilk elde kaçmayı başaran Turner da iki ay sonra idam edilmiştir.

## Gabriel

Gabriel Prosser. Virginia'da tütün plantasyonlarında nalbant olarak çalışan bir köleyken siyah köle isyanına öncülük eden tarihî karakter. Gabriel, 1800 yılında büyük bir isyan çıkarmak için planlar yapmış, kötü hava koşullarından dolayı ertelenen isyan bekleme sürecindeyken ihanet yüzünden ortaya çıkmıştır. Gabriel, aralarında kardeşlerinin de bulunduğu 30 kadar yoldaşıyla hemen asılarak idam edilir. Hiç başlamadan biten bu isyan için Gabriel ve yoldaşlarının hazırladığı "bayrak"larda "Ya ölüm ya hürriyet" yazdığı söylenmektedir.

## Malcolm

Malcolm X, el-Hajj Malik el-Shabazz, Hacı Malik Şahbaz. Amerikalı siyah Müslüman lider, insan hakları aktivisti. Rahip babası ırkçı tedhiş örgütü Ku Klux Klan tarafından linç edilerek öldürülen ve bu ölümden sonra ailesi dağılan Malcolm X'in ilk gençlik yılları uyuşturucu, kumar ve şiddet dolu bir ortamda geçti. Hapishanede İslam diniyle tanıştı. Siyah Amerikalıların Afrikalı köklerini araştırdı. Çok güçlü bir hatip ve tüm dünyada saygı gören bir önder oldu. Etkileri süren, cesur siyasal görüşleriyle tanındı. 1964'te suikastla öldürüldü. Ömrü boyunca aldığı en büyük ödülün Afrika gezisi sırasında Nijeryalı öğrencilerin kendisine verdiği "Omowale" (Yurduna Dönen Çocuk) ismi olduğunu söylemiştir.

## Marcus

Marcus Garvey. Siyah özgürlük hareketinin düşünsel öncülerinden. Garvey'in düşünceleri, hem Muhammed Ali ve Malcolm X'i cezbetmiş ve Elijah Muhammed tarafından organize edilen Birleşik Amerikalı "İslam Ulusu"na hem de Afrika'ya dönüş çeperli görüşleri savunan, Bob Marley başta olmak üzere reggae müzisyenlerinin temel kaynaklarından sayılan "Rastafaryanizm" hareketine ilham vermiştir. Jamaikalıdır. Afrika'ya dönüş hareketini başlatmak istemiş ve birleşik Afrika ideali için çalışmıştır.

**Martin King**

Martin Luther King, Jr. Yakın dönem Birleşik Amerika tarihinin en etkili siyasi önderlerinden biri. İnsan hakları ve sivil itaatsizlik eksenli görüş ve eylemleriyle tanındı. Georgia doğumlu bir siyah olarak siyah halkın acılarına ilk elden şahitlik etti. Ünlü "Salem Yürüyüşü"nü örgütledi. Vaizdi. Bu çerçevede gelişen topluluk önünde konuşma yeteneği ona büyük bir ün getirdi. 1963 tarihli, unutulmaz "I Have a Dream" [Bir Hayalim Var] konuşmasıyla ünü ABD sınırlarını aştı. Nobel Barış Ödülü'ne layık görüldü. 1968'de bir suikast sonucu hayatını kaybetti.

**Kleopatra**

Kleopatra VII Filopator. Makedonya kökenli Mısır kraliçesi. Roma'yı -ve Romalıları- kendine hayran bırakmasıyla hatırlanır. Helenistik çağın en ünlü isimlerinden biridir. Genellikle cazibe, tutku ve güç nitelikleriyle birlikte düşünülür. Birçok dil bildiği, kendisini sarayında ziyaret eden elçilerle tercüman kullanmadan konuştuğu söylenir.

**Alexander Pope**

Pope. 18. yüzyıl İngiliz şairi. Homeros çevirileriyle, epik şiirleriyle tanındı. Hicivler yazdı.

**Bernard Shaw**

George Bernard Shaw. İrlandalı sosyalist oyun yazarı. Modern tiyatroyu etkilemiş ve tarihin en çok tanınan yazarlarından biri olmuştur. İlhamını Yunan mitolojisinden alan ve ilk olarak 1913'te izleyicinin önüne çıkan *Pygmalion* adlı oyunu günümüzde de sahnelenmektedir. Modern hicvin önde gelen yazarlarından sayılmaktadır. Nobel Edebiyat Ödülü sahibidir.

### *Çavdar Tarlasında Çocuklar*

*The Catcher in the Rye*. Son eserini 1965'te yayımlayan, 2010'da ölen Amerikalı münzevi yazar J.D. Salinger'ın ünlü romanı. Sayısız dile çevrilmiş, milyonlarca satılmıştır. İlk gençlik yıllarındaki Holden Caulfield'in hikâyesidir. ABD'nin kuzeyinde, Pennsylvania'da geçer. Güneyin dünyasından, hassasiyetlerinden uzak oluşuyla Maya Angelou şiirine bir çeşit "kontrast" taşıdığı düşünülebilir.

### Yeniden Yapılanma Dönemi

Reconstruction (Era). 1865-1877 yılları. Amerikan İç Savaş'nın bitimine denk gelir. Büyük toplumsal değişikliklerin yaşandığı bir dönemdir.

### Lilith

Ortadoğu mitlerinde geçen "dişi" cin ya da insan. Âdem'in Havva'dan önceki karısı olduğu rivayet edilir. Fakat ona tabi olmayı reddeder. Bu red, onun güçlü ve şeytani kadın tipleme olarak çizilmesine neden olmuştur. Bu şeytanileşme, Lilith'in loğusa dönemindeki kadınların düşmanı, bebek katili olarak çizilmesine yol açar. Âdem ve Havva büyük günahı işleyip cennetten kovulmadan önce cennetten "çıkmıştır".

### Sojourner

Sojourner Truth. Kölelik karşıtlığı ve erken dönem feminist hareketin öncülerinden. Köle olarak doğdu. Efendilerinin ismini reddederek kendi ismini seçti. 1827'de hazırlıksız olarak kürsüye çıkarak yaptığı "Ain't I a Woman" [Bir Kadın Değil miyim Ben] adı verilen konuşması Amerikan tarihini değiştiren konuşmalardan biri sayılmaktadır.

### Harriet

Harriet Tubman. Kölelik karşıtlığı mücadelesinin simge isimlerinden. 1822'de köle olarak doğdu. Savaştan önce kölelerin kaçmasına yardım eden yeraltı hücrelerinde çalıştı. Kendi akrabalarının da içinde olduğu pek çok köleye yardım etti. İç Savaş'tan sonra kadın hakları mücadelesine ağırlık verdi. Çocuk yaştayken köle sahiplerinden yediği dayakların izlerini ömrü boyunca taşıdı. Siyah özgürlük hareketinin tarihinde öne çıkan bir cesaret sembolüdür.

**Zora**

Zora Neale Hurston. 1891 doğumlu siyah kadın yazar ve halkbilimci. Karayipler dâhil olmak üzere siyah halkın sözel ürünlerini derlemek için geziler yaptı. Bu gezilerin verimlerini zaman zaman kurgu eserlerinde kullandı. Kadın hakları için verdiği mücadele daha çok bireysel zeminde kalmıştır.

**Mary Bethune**

Amerikalı siyah eğitimci ve insan hakları savunucusu. Köle ebeveynlerin çocuğuydu. Acı dolu çocukluğu onu siyah çocukların eğitilmesi gerektiği düşüncesine taşıdı. Ömrü boyunca bu uğurda mücadele etti.

**Angela**

Angela Davis. Amerikan sol siyasetinin önde gelen isimlerinden, yazar. Başkanlık seçimlerinde ABD Komünist Partisi'nin başkan yardımcısı adayı. Siyah Amerikalıların direniş örgütü Kara Panterler hareketine destek verdi. Kadın ve mahkûm hakları için çalıştı. Kaliforniya Üniversitesi Felsefe Bölümü'nde akademisyen olarak hizmet verdi. Modern dönem siyah feminist hareketinin örgütleyicilerinden oldu.

**Zenobia**

Bugün Suriye sınırlarında bulunan Antik Palmira şehrinin kraliçesi. Roma'ya karşı büyük bir ayaklanma başlattı. Antakya üzerinden Anadolu'ya girdi. Roma şehirlerini ele geçirdi. Fakat sonunda yenildi ve altın bukağılarla teşhir edilerek Roma şehrine götürüldü. Tarihsel güçlü kadın figürlerine örnektir.

# İçindekiler

**Lütfen Söyle**
**Yakışıyor mu Kanatlarım Bana**
(Oh Pray My Wings Are Gonna Fit Me Well)
(1975)



**Ayağa Kalkıyorum**
(And Still I Rise)
(1978)

**Niçin Şarkı Söylemiyorsun Shaker**
(Shaker, Why Don't You Sing)
(1983)



**Kıpırdamayacağım**
(I Shall Not Be Moved)
(1990)



**Sabahın Nabzında**
(On the Pulse of Morning)
(1993)